EL EJOTE

David M. Schwartz, galardonado autor de libros infantiles, ha escrito libros sobre diversas materias que han deleitado a niños de todo el mundo. El amplio conocimiento de las ciencias y el sentido artístico de Dwight Kuhn se combinan para producir fotografías que captan las maravillas de la naturaleza.

David M. Schwartz is an award-winning author of children's books, on a wide variety of topics, loved by children around the world. Dwight Kuhn's scientific expertise and artful eye work together with the camera to capture the awesome wonder of the natural world.

Please visit our web site at: www.garethstevens.com
For a free color catalog describing Gareth Stevens Publishing's list of high-quality books and multimedia programs,
call 1-800-542-2595. Gareth Stevens Publishing's Fax: (414) 332-3567.

Library of Congress Cataloging-in-Publication Data

Schwartz, David M.
 [Bean. Spanish]
 El ejote / David M. Schwartz; fotografías de Dwight Kuhn; [Spanish translation, Guillermo Gutiérrez and Tatiana Acosta]. —
North American ed.
  p. cm. — (Ciclos de vida)
 Includes bibliographical references and index.
 Summary: Photographs and simple text describe the life cycle of common beans.
 ISBN 0-8368-2995-6 (lib. bdg.)
 1. Common bean—Life cycles—Juvenile literature. [1. Beans. 2. Spanish language materials.] I. Kuhn, Dwight, ill. II. Title.
QK495.L52S3818 2001
583'.74—dc21   2001042692

This North American edition first published in 2001 by
Gareth Stevens Publishing
A World Almanac Education Group Company
330 West Olive Street, Suite 100
Milwaukee, WI 53212 USA

Also published as *Bean* in 2001 by Gareth Stevens, Inc.
First published in the United States in 1999 by Creative Teaching Press, Inc., P.O. Box 2723, Huntington Beach, CA 92647-0723.
Text © 1999 by David M. Schwartz; photographs © 1999 by Dwight Kuhn. Additional end matter © 2001 by Gareth Stevens, Inc.

Gareth Stevens editor: Mary Dykstra
Gareth Stevens graphic design: Scott Krall and Tammy Gruenewald
Translators: Tatiana Acosta and Guillermo Gutiérrez
Additional end matter: Belén García-Alvarado

Printed in the United States of America

2 3 4 5 6 7 8 9 05 04 03 02

EL EJOTE

David M. Schwartz
fotografías de Dwight Kuhn

Gareth Stevens Publishing
A WORLD ALMANAC EDUCATION GROUP COMPANY

¿Cómo sería un huerto sin ejotes? Aunque la gente los cultiva porque son comestibles, los ejotes cumplen otra función: contienen las semillas de las nuevas plantas de ejote.

La vaina es el fruto de la planta. Si pasas los dedos por una vaina, notarás que tiene pequeños abultamientos. Cada uno de esos abultamientos es una semilla. Si abres la vaina, podrás ver las semillas. Cuando entierras una semilla de ejote y la riegas, algo mágico sucede.

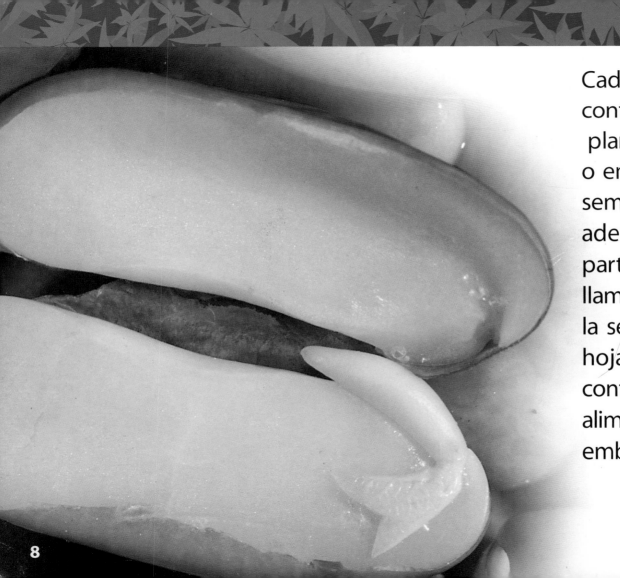

Cada semilla
contiene una
planta minúscula
o embrión. Las
semillas tienen,
además, dos
partes blancas
llamadas hojas de
la semilla. Estas
hojas especiales
contienen el
alimento del
embrión.

Si está en tierra húmeda, la semilla se va hinchando de agua poco a poco, y una minúscula raíz comienza a brotar del embrión. La raíz rompe la cáscara o parte exterior de la semilla y penetra en la tierra. La semilla ha germinado.

Un brote de color verde pálido empieza a salir también de la semilla. El brote empuja hacia arriba y hace que las hojas de la semilla se salgan de la cáscara, que cae al suelo.

El brote tiene así dos
hojas nuevas que se
abren de cara al sol.

A medida que el brote crece, más hojas se van formando. En las hojas se fabrica el alimento para toda la planta. Para producirlo, las hojas usan el agua de la tierra, la luz del sol y el dióxido de carbono del aire.

Escarabajos y otras plagas se comen las hojas del ejote. Si no se comen demasiadas hojas, la planta podrá seguir creciendo. Una vez que la planta está bien desarrollada, se forman yemas de flores, que florecen en poco tiempo.

Otros insectos, como las abejas,
visitan las flores para beber su dulce
néctar. Un polvillo amarillo,
llamado polen, se adhiere al
cuerpo de los insectos.
Cuando éstos van a otra
flor, el polen cae y fertiliza
los huevos diminutos
que están dentro
de la flor.

Los huevos comienzan a transformarse en nuevas semillas, y a su alrededor se forma una vaina.

Aunque las flores se marchitan y se desprenden, las vainas siguen creciendo. Las semillas del interior de las vainas se hacen cada vez más grandes. Como fruto y semilla son comestibles, la gente recoge las vainas. Si guardan algunas semillas y las siembran, éstas se convertirán en nuevas plantas de ejote.

¿Puedes poner en orden las siguientes etapas del ciclo de vida de un ejote?

Respuesta

brote: planta joven que sale de una semilla.

dióxido de carbono: gas inodoro e incoloro que los animales exhalan y que las plantas usan para fabricar su alimento.

embrión: primera etapa de desarrollo en la vida de una planta o de un animal.

fertilizar: unir las células femeninas y masculinas para formar una planta o un animal nuevos.

fruto: parte de la planta como, por ejemplo, una vaina o una baya, que contiene las semillas.

germinar: empezar a crecer.

hincharse: aumentar de volumen.

hojas de la semilla: primer par de hojas que brota al germinar la semilla.

húmedo: ligeramente mojado.

marchitarse: secarse.

néctar: líquido dulce que hay en las flores y que les gusta a muchos insectos y pájaros.

plaga: insectos u otros animales pequeños que causan destrucción.

vaina: envoltura alargada en la que crecen las semillas de algunas plantas.

yema: pequeño brote abultado que sale en los tallos y las ramas, y que contiene flores u hojas que no se han desarrollado por completo.

ACTIVIDADES

En busca de la semilla escondida
Si abres una lata de ejotes verás que dentro de las vainas hay semillas. ¿Qué otras legumbres esconden semillas? Con la ayuda de un adulto, emprende una búsqueda de semillas. Primero, identifica otras legumbres enlatadas que contengan semillas. Luego, busca entre las legumbres del refrigerador o de la alacena.

Un sobrecito de semillas
Visita una tienda de plantas. ¿Cuántos tipos de semillas de ejote venden? ¿Por qué hay distintas variedades? Estudia uno de los sobrecitos en los que vienen las semillas y averigua cómo se cultiva una planta de ejote. ¿Explican el texto y los dibujos cómo plantar las semillas? Diseña tu propio sobrecito. Incluye todo lo necesario para sembrarlas.

Viaje al centro de la semilla
Remoja algunas semillas de habas secas durante la noche. Por la mañana, sácalas del agua y obsérvalas con una lupa. Con la ayuda de un adulto, corta algunas por la mitad y observa lo que hay dentro de la cáscara. ¿Ves una raíz que empieza a formarse y unas hojas de la semilla como las de este libro?

Haz un germinadero
Forra el interior de un tarro de vidrio con toallas de papel húmedas y echa un poco de agua en el fondo. Luego, con cuidado, coloca algunas semillas de ejote entre el vidrio y las toallas. Pon el bote sobre una ventana durante una semana. Échale agua cuando sea necesario para evitar que las toallas se sequen. Observa las semillas a diario y fíjate en cómo van cambiando. ¿Qué está sucediendo?

Más libros para leer

Carlos y la planta de calabaza. Jan Romero Stevens (Northland Publishers)

El autobús mágico se queda plantado: Un libro sobre la fotosíntesis. Lenore Notkin, Nancy Krulik, Bob Ostrom, Joanna Cole (Scholastic)

El increíble mundo de las plantas. (Chelsea House Publishers)

Jitomates risueños y otros poemas de primavera. Francisco X. Alarcón (Children's Book Press)

Las plantas. (Evan-Moor Educational Publishers)

Los secretos de las plantas. (Altea / Santillana)

Plantas. Carratell (Teacher Created Materials, Inc.)

[Web Sites] Páginas Web

http://ekeko.rcpip.net/CUENTOS/habichuelas/1.html

Algunas páginas Web no son permanentes. Puedes buscar otras páginas Web usando un buen buscador para localizar los siguientes temas: *jardinería*, *plantas* y *semillas*.

ÍNDICE